Recuperar el arroyo Muddy

Nicole Sipe

✳ Smithsonian

Autora contribuyente

Allison Duarte, M.A.

Asesoras

Tamieka Grizzle, Ed.D.
Instructora de laboratorio de CTIM de K–5
Escuela primaria Harmony Leland

Karen S. McDonald
Coordinadora de programas educativos
Smithsonian

Créditos de publicación

Rachelle Cracchiolo, M.S.Ed., *Editora comercial*
Conni Medina, M.A.Ed., *Redactora jefa*
Diana Kenney, M.A.Ed., NBCT, *Directora de contenido*
Véronique Bos, *Directora creativa*
Robin Erickson, *Directora de arte*
Seth Rogers, *Editor*
Caroline Gasca, M.S.Ed., *Editora superior*
Mindy Duits, *Diseñadora gráfica superior*
Walter Mladina, *Investigador de fotografía*
Smithsonian Science Education Center

Créditos de imágenes: portada, pág.1, págs.2–3, pág.5, págs.11–12, pág.13 (superior), pág.16 (todas), pág.17, pág.18 (recuadro), pág.19 (superior), pág.23 (3 inferiores), págs.24–25, pág.27 (recuadro) © Smithsonian; pág.14 (derecha) Gary Neil Corbett/SuperStock; todas las demás imágenes cortesía de iStock y/o Shutterstock.

Library of Congress Cataloging-in-Publication Data

Names: Sipe, Nicole, author.
Title: Recuperar el arroyo muddy / Nicole Sipe, Smithsonian Institution.
Other titles: Restoring Muddy Creek. Spanish
Description: Huntington Beach : Teacher Created Materials Publishing, [2020] | Includes index. | Audience: Grades 2-3
Identifiers: LCCN 2019035405 (print) | LCCN 2019035406 (ebook) | ISBN 9780743926898 (paperback) | ISBN 9780743927048 (ebook)
Subjects: LCSH: Stream restoration--Maryland--Juvenile literature. | Restoration ecology--Maryland--Juvenile literature. | Erosion--Juvenile literature.
Classification: LCC QH76.5.M3 S5718 2020 (print) | LCC QH76.5.M3 (ebook)
 | DDC 333.91/6215309752--dc23

Teacher Created Materials

5301 Oceanus Drive
Huntington Beach, CA 92649-1030
www.tcmpub.com

ISBN 978-0-7439-2689-8
© 2020 Teacher Created Materials, Inc.
Printed in Malaysia
Thumbprints.25941

Contenido

Un arroyo único

Los arroyos son importantes para los seres vivos. Muchos tipos de peces viven en ellos. Los insectos ponen huevos en ellos. Los arroyos son lugares donde las ranas hacen su hogar, las aves se bañan y los niños juegan en los calurosos días de verano. Sin fuentes de agua como los arroyos, la vida no sería posible.

Una masa de agua importante es el arroyo Muddy. Está en Edgewater, Maryland. Este arroyuelo es importante porque fue el escenario de una gran transformación. Durante mucho tiempo, el arroyo Muddy no estuvo en equilibrio. El terreno que lo rodeaba se había desgastado. Eso hacía que el agua fluyera más rápido cuando llovía mucho. Las corrientes rápidas no son buenas para los arroyos pequeños. Al correr rápidamente, el agua destruye los hogares de los animales que viven en ella y en las zonas cercanas. También puede arrastrar más **contaminación** y desechos. El arroyo Muddy fue un desastre durante muchos años, hasta que los científicos decidieron recuperarlo.

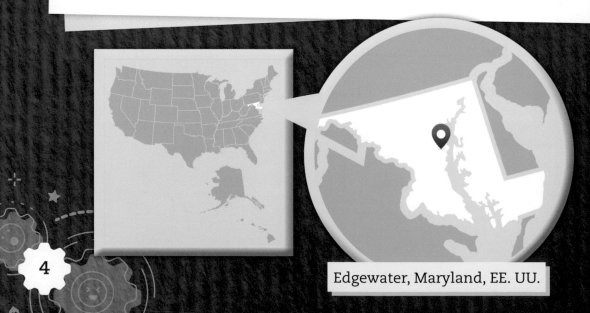

Edgewater, Maryland, EE. UU.

Una científica reúne datos en el arroyo Muddy.

La vida fluye

El arroyo Muddy es pequeño, pero tiene un gran impacto en la naturaleza. Toda la tierra de nuestro planeta es parte de alguna cuenca. Gota a gota, el agua de la lluvia y la nieve corre por el suelo. Llega a los arroyos y ríos. Su camino termina en el océano. Un cambio incluso en un arroyo pequeño puede afectar una cuenca entera.

Para comprender la importancia de los arroyos, piensa en tu cuerpo. Está formado por venas y arterias que llevan sangre por todo el cuerpo. La Tierra funciona de manera similar. Pero, en lugar de venas y arterias, tiene arroyos y ríos que llevan agua por todo el mundo. El agua es algo que necesitan todos los seres vivos.

Un río fluye hacia el mar.

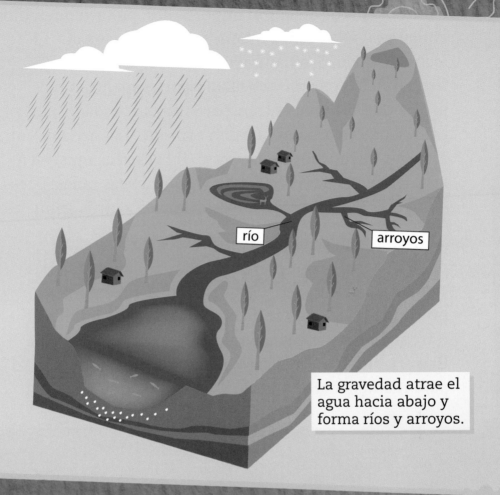

río

arroyos

La gravedad atrae el agua hacia abajo y forma ríos y arroyos.

Atraer el agua

Cuando llueve o cuando la nieve se derrite, la **gravedad** atrae el agua hacia abajo. La tierra absorbe parte del agua. El resto fluye por la superficie. Se forman ríos y arroyos. Los ríos y arroyos desembocan, o terminan, en masas de agua más grandes, como los lagos y los océanos.

Los cursos de agua son importantes, por eso queremos cuidarlos. ¿Qué aspecto tiene un arroyo natural? El lecho de un arroyo natural no es recto. En cambio, tiene muchas curvas y vueltas, y partes menos o más profundas. El agua es transparente y en sus lados, u orillas, crecen árboles que dan sombra. Los arroyos son el hogar de muchos seres vivos. Tal vez veas musgo en las rocas y plantas en las orillas. Quizá veas ranas, peces e insectos voladores. O quizá veas aves y otros animales.

Además, un área que tiene arroyos y riachuelos naturales está mejor preparada para las inundaciones. Cuando llueve mucho, el agua de un arroyo poco profundo puede salirse de la orilla. El agua inunda el terreno llano que está alrededor. Ese terreno se llama **llanura aluvial**. Un arroyo necesita una llanura aluvial para mantener el equilibrio.

Los patos dependen de los arroyos para obtener agua y comida.

rocas cubiertas de musgo junto a un arroyo

La mayor parte de la superficie de la Tierra —casi tres cuartas partes de ella— está cubierta de agua. Pero los seres humanos podemos utilizar solo una pequeña cantidad.

Mantener el equilibrio

Al principio, el arroyo Muddy estaba en equilibrio. Con el tiempo, eso cambió. No sucedió de un día para el otro. Llevó muchos años. De a poco, el lecho del arroyo se fue desgastando. Quedó a 3 metros (10 pies) por debajo de la llanura aluvial. Cuando llovía mucho, el agua no lograba salirse de la orilla y cubrir la llanura aluvial. En cambio, el agua fluía más rápido, lo cual desgastaba aún más el lecho del arroyo. El arroyo Muddy ya no estaba en equilibrio.

Un arroyo sin llanura aluvial no puede mantener el equilibrio. El terreno llano es importante. Es aún más importante cuando hay tormentas. Sin una llanura aluvial, toda el agua corre por el arroyo muy rápidamente. La corriente rápida arrastra **sedimentos**. Hace que el arroyo se desgaste rápido. Se lleva minerales importantes del suelo.

Las inundaciones estacionales pueden ser buenas. Agregan nutrientes al suelo y rellenan los depósitos de agua subterránea.

el arroyo Muddy antes de su recuperación

¿Por qué se desgastó tanto el arroyo Muddy? Fue a causa de la **erosión**. Se empezaron a desprender rocas, tierra y otros elementos que había en el arroyo. Luego, el agua, el hielo, el viento y la gravedad los arrastraron. La erosión es un proceso natural. Puede llevar miles de años. Pero los seres humanos pueden hacer que suceda más rápido. Cualquier cambio en un arroyo puede afectar dónde ocurre la erosión y el alcance que tiene.

Los científicos creen que el arroyo Muddy se desgastó después de que se instaló un **sumidero**. Ese túnel se construyó para dirigir la corriente para que pasara por debajo de una carretera cercana. El túnel conectaba el arroyo a ambos lados de la carretera. Funcionó un tiempo. Pero el túnel era angosto y hacía que el agua fluyera muy rápido. La corriente rápida erosionó el terreno alrededor del arroyo Muddy.

Este tramo del arroyo Muddy se erosionó 3 m (10 ft).

Los sumideros aceleran la corriente y causan más erosión.

TECNOLOGÍA

Agua a toda velocidad

Forzar el agua a través de un espacio angosto hace que se mueva más rápido. Las mangueras de jardín y las regaderas están diseñadas así para que el agua corra más rápido.

La erosión y la salud del arroyo

Si alguna vez tienes la oportunidad de ir a un arroyo, mira bien a tu alrededor. Es posible que veas señales de erosión. Las grietas que se ven en el suelo junto a la orilla son una señal. Otra son los árboles con las raíces expuestas. El agua amarronada o poco transparente, también.

Cuando un arroyo se erosiona, se desprende tierra de la orilla. A esa tierra se le llama sedimento. Un arroyo con mucho sedimento puede dañar a los animales que viven en el agua. La tierra se mete en los espacios entre las rocas donde viven los peces. Así, la tarea de hallar un hogar en las rocas se vuelve más difícil para los peces. La tierra también asfixia a los peces y sus huevos.

Cuando los científicos evalúan una masa de agua, suelen observar a los seres vivos que están allí y en sus alrededores. Por ejemplo, prestan atención a los insectos. Cuando los tipos de insectos cambian en un área, es una señal de que también está cambiando el hábitat.

libélula

perca blanca

En el arroyo Muddy viven más de 133 especies de peces, reptiles, aves, mamíferos y otros animales.

Las raíces expuestas son
una señal de erosión.

Recuperar el arroyo

Se necesitaba un plan para recuperar el arroyo Muddy. ¿Qué se podía hacer para ayudar al arroyo? Los científicos dividieron el proyecto en pasos. Debían ocurrir tres cosas importantes.

En primer lugar, había que elevar el lecho del arroyo. Se había erosionado demasiado. Era demasiado profundo y no permitía que el agua se derramara sobre la llanura aluvial. Para recuperar el arroyo, el lecho debía estar más cerca de la llanura aluvial.

En segundo lugar, el agua del arroyo tenía que fluir más lentamente. Una corriente más lenta disminuiría la erosión y los daños al arroyo en el futuro.

En tercer lugar, había que recuperar la llanura aluvial. Muchas de las plantas acuáticas que solían crecer a orillas del arroyo Muddy habían muerto. En su lugar, habían crecido plantas que podían vivir en suelos secos. Muchos animales que vivían junto a la orilla se habían marchado en busca de otro hogar. Un lecho elevado recuperaría el área. Las plantas volverían a crecer. Los animales que se habían marchado podrían regresar.

Estos científicos toman muestras de agua.

Un grupo de trabajadores elevan el arroyo Muddy hasta la altura de la llanura aluvial.

Hay planes para recuperar cerca de 6,000 kilómetros (3,700 millas) de arroyos en todo Maryland antes del año 2025.

¡Arriba!

Para elevar el nivel del arroyo Muddy, era necesario rellenarlo. Era como llenar un hoyo con tierra, ¡solo que el hoyo medía 410 m (1,350 ft) de largo!

Primero, se colocó un tubo pequeño en el arroyo. El tubo permitiría que el arroyo fluyera bajo tierra durante las obras de recuperación.

Después, se vertieron materiales sobre el tubo en el lecho del arroyo. Los científicos eligieron una mezcla de arena y trocitos de madera. Se utiliza este tipo de materiales para recuperar arroyos porque son naturales. Crean un espacio para que las raíces de las plantas crezcan. Cuando las raíces de las plantas crecen en el suelo, ayudan a mantenerlo en su lugar. Eso ayuda a que la erosión sea más lenta.

Por último, se retiró el tubo subterráneo. Lentamente, el agua comenzó a fluir de nuevo por su lecho. Llenó el arroyo recién recuperado.

Los tubos como estos permiten a los científicos hacer pruebas con el agua bajo tierra mientras se recupera el arroyo.

El tubo que se colocó en el arroyo permitía que el agua fluyera bajo tierra mientras se recuperaba el arroyo.

ARTE

El arte de la naturaleza

La recuperación de arroyos es una combinación de ciencia y arte. El objetivo es reparar un arroyo dañado. Pero hay que hacerlo respetando el paisaje. Para ello, los científicos **imitan** a una gran artista: la madre naturaleza. Usan arena, hojas, madera y rocas para ayudar al arroyo sin quitarle su belleza natural.

Más despacio

El paso siguiente era lograr que el agua del arroyo fluyera más despacio. Se colocaron cantos rodados y rocas grandes en ciertos lugares del arroyo. También se crearon pequeñas ollas de agua a lo largo del arroyo. Se construyeron represas pequeñas con troncos y palos. Hicieron que el arroyo fuera más ancho en algunos lugares para permitir que el agua ocupara más lugar. Todas estas cosas lograron que el arroyo fluyera más lentamente.

Un arroyo lento da mucha calma. Pero también es importante por otras razones. La corriente rápida hace que el arroyo se erosione más rápido. Las llanuras aluviales necesitan que el agua fluya despacio para que el suelo tenga tiempo de absorber el agua. Si fluye demasiado rápido, la corriente sigue de largo. Se lleva nutrientes importantes de la llanura aluvial. Los nutrientes son necesarios para que el suelo de la llanura aluvial siga siendo rico.

represa construida
por castores

Una solución natural

En la naturaleza, los castores son conocidos constructores de represas. Sus represas ayudan a que las corrientes de agua sean más lentas. Los científicos construyen estructuras muy parecidas a las represas de los castores para recuperar los arroyos. Son estructuras de madera y plantas, los mismos materiales que usan los castores. Ayudan a reconectar las llanuras aluviales con sus cursos de agua.

Una llanura recuperada

Una vez elevado, el arroyo Muddy comenzó a fluir más despacio. La llanura aluvial podría volver, entonces, a su estado anterior. Ya estaba casi al mismo nivel del arroyo. Ya no estaba 3 m (10 ft) por encima del nivel del agua. La llanura aluvial podría volver a ser un hábitat para las plantas y los árboles autóctonos.

Antes de que el arroyo se erosionara, crecían arces rojos en sus orillas. Los arces rojos son árboles que necesitan suelos húmedos. Crecían muy bien en el suelo húmedo junto al arroyo.

Pero luego, el arroyo Muddy se hizo demasiado profundo y quedó muy lejos de la llanura aluvial. Los arces rojos perdieron su fuente de agua. Hayas y tulíperos crecieron en su lugar. Las hayas y los tulíperos son árboles que crecen bien en suelos secos.

Después de la recuperación del arroyo Muddy, los científicos notaron que volvían a crecer arces rojos en las orillas. Los tulíperos comenzaron a morir. Eran señales de que el arroyo Muddy estaba cambiando.

venado de cola blanca

zorro rojo

Los mamíferos descansan y buscan comida en las llanuras aluviales. Estas áreas también son paradas para las aves migratorias.

rama de un arce rojo

antes

durante

después

¿Funcionó?

La recuperación del arroyo Muddy comenzó en enero de 2016. Ese verano, el arroyo ya se veía muy diferente. Su recuperación estaba en marcha. Ahora tenía orillas planas y bajas, y era más ancho. A su lado crecían nuevos arces rojos. Sobre el agua calma zumbaban los insectos. Las ranas croaban escondidas tras los troncos. Los pájaros cantaban a la sombra de los árboles que bordeaban el arroyo.

La recuperación del arroyo Muddy parecía un éxito. ¿Cierto? Bueno, no todos estaban de acuerdo. Una vez que el arroyo se recuperó, aparecieron unas bacterias rojas. Muchas partes del arroyo quedaron cubiertas por una película roja. Los científicos están intentando descubrir por qué sucede eso. También quieren saber si las bacterias dañarán el **ecosistema** del arroyo. Aún nadie sabe las respuestas a estas preguntas.

Unas bacterias rojas empezaron a crecer en el arroyo Muddy después de la recuperación.

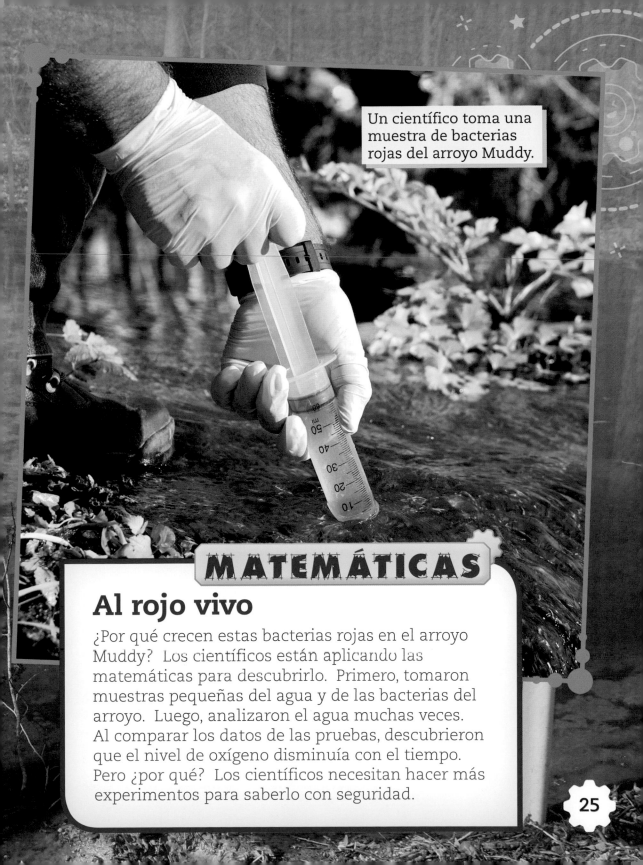

Un científico toma una muestra de bacterias rojas del arroyo Muddy.

MATEMÁTICAS

Al rojo vivo

¿Por qué crecen estas bacterias rojas en el arroyo Muddy? Los científicos están aplicando las matemáticas para descubrirlo. Primero, tomaron muestras pequeñas del agua y de las bacterias del arroyo. Luego, analizaron el agua muchas veces. Al comparar los datos de las pruebas, descubrieron que el nivel de oxígeno disminuía con el tiempo. Pero ¿por qué? Los científicos necesitan hacer más experimentos para saberlo con seguridad.

Recuperar un arroyo no es una tarea sencilla. Es difícil saber si el proyecto tiene éxito. Lleva mucho tiempo ver los resultados. Los científicos saben que elevar el lecho de un arroyo ayuda a que fluya el agua. Pero las obras de recuperación se hicieron hace poco tiempo. Habrá que observar al arroyo Muddy muchos años para ver cómo reacciona. Solo así sabremos si recuperar un arroyo vale el tiempo y el dinero invertidos a largo plazo.

El arroyo Muddy es apenas uno de muchos arroyos recuperados. Hay otros proyectos parecidos en marcha en todo el mundo. Los científicos **debaten** acerca de la mejor manera de recuperar los cursos de agua. Pero todos están de acuerdo en que los cursos de agua necesitan atención y cuidados.

Un científico explica la importancia de la recuperación de los arroyos.

DESAFÍO DE CTIAM

Define el problema

Ahora que sabes cómo la erosión cambia a un arroyo, ¿qué puedes hacer para evitarlo? Tu primera tarea es construir un arroyo con arena y tierra sobre una superficie plana, como una bandeja de comida. Después, añade materiales al arroyo y a su alrededor para reducir la erosión. ¿Cuáles son los materiales que mejor funcionarán?

 Limitaciones: Tu modelo solo puede incluir tres de estos cinco materiales: guijarros, mantillo, musgo, bolsas de arena pequeñas y cuadrados de cartón.

 Criterios: Tu diseño debe disminuir la cantidad de sedimento que arrastraría $\frac{1}{2}$ litro (unas 2 tazas) de agua en el arroyo.

1 Investiga y piensa ideas

¿Qué hace que cambie la velocidad del agua de un arroyo? ¿Cómo cambia la erosión a un arroyo? ¿Qué hicieron los científicos para recuperar el arroyo Muddy?

2 Diseña y construye

Bosqueja tu arroyo. Señala dónde colocarás los materiales. Coloca el arroyo en una caja grande. Levanta un lado de la caja 8 centímetros (3 pulgadas). Vierte agua en el arroyo y recolecta el agua y el sedimento a medida que salen de la caja. Mide la cantidad de sedimento arrastrado. Añade materiales al arroyo y a su alrededor.

3 Prueba y mejora

Vuelve a verter agua en el arroyo con los materiales ya ubicados. ¿Hay menos o más sedimento? ¿Funcionó tu diseño? ¿Cómo lo mejorarías? Modifica la ubicación de los materiales y vuelve a intentarlo.

4 Reflexiona y comparte

¿Tu diseño redujo la erosión? ¿Cómo lo sabes? Compara tu modelo con otros modelos de la clase. ¿Qué puedes aprender de los demás modelos?

Glosario

asfixia: mata a alguien o algo impidiéndole respirar

autóctonos: nacidos en un lugar determinado

contaminación: sustancias que ensucian la tierra, el agua y el aire y los vuelven inseguros

cuenca: un terreno que drena en un mismo océano, lago o río

debaten: expresan diferentes opiniones sobre algo

ecosistema: una comunidad de seres vivos y cosas sin vida que hay en un ecosistema en particular

erosión: el movimiento de rocas desgastadas y sedimentos

evalúan: piensan detenidamente para determinar el valor de algo

gravedad: una fuerza que hace que los objetos se atraigan unos a otros

hábitat: el hogar natural de un animal, una planta u otro organismo

imitan: hacen algo según el estilo de otro

llanura aluvial: un terreno bajo y llano junto a una masa de agua que puede salirse de sus orillas

sedimentos: pequeños pedacitos de roca, como la arena, el suelo y el polvo, que se depositan en el fondo de un líquido

sumidero: un tubo o un canal que permite que el agua fluya debajo de una carretera o una vía de ferrocarril

Índice

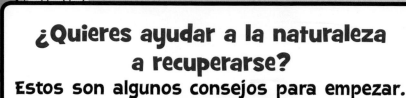

CONSEJOS PROFESIONALES

del Smithsonian

¿Quieres ayudar a la naturaleza a recuperarse?

Estos son algunos consejos para empezar.

"Los científicos especializados en arroyos comienzan en la escuela, igual que tú. Para convertirte en un científico especializado en arroyos, estudia matemáticas y ciencias. Visita parques con arroyos como el Muddy. Explora los arroyos dando vuelta a las rocas para buscar insectos acuáticos, pero ¡asegúrate de volver a ponerlas como estaban!".
—*Karen McDonald, Centro de Investigaciones Ambientales del Smithsonian*

"*Para comprender los ecosistemas, debes observar las interacciones complejas de los seres vivos de la Tierra. Estas interacciones hacen que los ecosistemas funcionen. Estudia asignaturas como ecología, biología, evolución y conservación de organismos marinos*". —*Emmett Duffy, biólogo*